JN408945

아름다운 착각

아름다운 착각

김화숙 시집

도서출판 천우

황홀한 꿈

'바다', '주먹구이', '영자네 맛집' 가끔 한국여행을 갈 때면 순 한글로 된 간판들이 얼마나 정답게 가슴에 안겨오던지.

운명에 쫓겨 중국과 일본을 오가며 사는 나의 삶에 가끔은 한글로 된 책이 찾아오곤 했습니다. 내용이 가슴에 와 닿기도 전에 한글의 아름다움 속으로 녹아들곤 했습니다. 예쁘고 섬세하고 소박한 그리고 가끔은 너무나도 화려한 한글, 이런 언어로 생각하고 쓰고 말하며 살아간다면 내 삶이 더 예뻐지지 않을까 생각했습니다. 어휘에 자신 없어 짧은 장르의 시를 선택했는데 오산이었음을 깨닫는 데는 그리 많은 시간이 걸리지 않았습니다. 짧은 시가 더 많은 어휘를 필요로 한다는 것을….

오늘 미숙한 시집 『아름다운 착각』을 들고 조심스레 화원花苑 입구에 들어섭니다. 바다와도 같이 아득한 언어의 꽃밭이 저를 반기고 부르는 손길이 느껴집니다. 아름답다면 환청이든 착각이든 저는 좋습니다. 꽃밭 위로 자유로이 날아다니는 눈부신 꿈을 꿉니다. 저는 무작정 풍덩 뛰어들 것입니다. 형언하기조차 아름다운 언어를 찾아서….

동경에서 아침을 맞으며

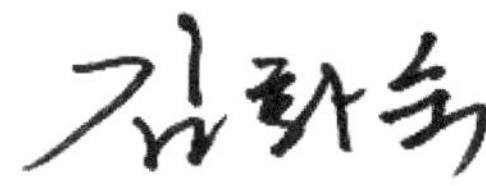

제1부

그려가는 삶

제2부

꽃에게서 배우다

제3부

선택

제4부

벽

제1부

그려가는 삶

그려가는 삶

페북*을 하다 보니
'버리라' '비우라' 라는 글
마치 유행어처럼 매일 만난다
지천명을 넘겼음에도
가진 것이 없어
버릴 것을 찾지 못한다
남의 나라에서
임시란 기분으로 살다 보니
몸도 마음도 둥지도
쓸쓸할 정도로 단출하다
버릴 것이 없는 삶
어찌 보면 백지와 같아
이제라도
그려가는 삶을 살아보고 싶다
남은 인생 어떻게 그릴까
설렘 더하기 열정…

* 페북 : 전 세계 최대의 소셜네트워크서비스(SNS)인 페이스북 (Facebook)의 줄임말.

변압기

일찍이 가정을 꾸렸지만
나의 부덕으로 지키지 못했고
딸을 두고도 키우지 못했다
행복보다 삶을 먼저 터득한 딸이지만
오로지 엄마라는 이유 하나로
나를 이해하고 축복해준다
나는 삶의 사전에서
부정적인 단어들을 지우고
그 자리마다 감사를 채워 넣었다
감사의 마음을 세상 빛으로 바꿔
낮고 어둡고 습한 곳에
꿈과 희망의 꽃을 피워내는
변압기의 삶을 살고 싶다.

열정熱情

출근하느라 바쁜 직장인들로
붐비는 전철역에 내려서는 가끔씩
플랫폼의 의자를 찾아 앉는다
하나같이 표정이 깔끔하고
잽싼 걸음으로 아침을 채우는
출근길 직장인들을 전차는
계속해서 뱉어놓고 담아 간다
어떤 그림이나 책에서도 볼 수 없는
삶의 활기를 지하철에서 줍는다
요즘은 왠지 열정이란 말을
내 삶 속에서 찾아보고 싶어졌다
꽃도 만개했을 때 색깔이 더 짙듯
이젠 중년이란 말을 듣는 것이
어색하지 않은 나이가 됐으니
삶의 깊이가 담긴 후회 없는 삶을
열정적으로 채워가고 싶다.

엄마의 사랑법

지금도 별로 나아진 건 없지만
어릴 때 난 눈뜬 소경이나 다름없었다
워낙 겁이 많아 해가 지면
아예 바깥출입을 하지 못했다
가로등 하나 없는 시골에 살면서도
별을 구경했던 기억이 거의 없고
동네에 초상집이라도 생기면
몇 날을 혼자서는 뒷간도 못 갔다
중학교 고등학교 대학 기간
긴 기숙사 생활 중 내가 집에 간 횟수보다
엄마가 보러 오신 횟수가 더 많았다
이런 나에게도 '너는 내 자랑스런 딸이다'
나는 엄마의 믿음을 먹고 자랐다
지금 내가 어떠한 상황에서도
냉정하고 당당할 수 있는 것은
나를 자랑스러워하시는 일흔이 넘으신
엄마가 계시기 때문이다
지금도 자주 문자를 보내오신다
내 딸 장하다 내 딸 사랑한다고.

삶의 끈

나무는 땅속으로 뻗고 뻗어
지구를 움켜진 힘으로 생을 산다
뭍으로 달려와 장엄함을 마감하는
파도의 뿌리도 깊고 먼 바다에 있다
내겐 건성으로 살아온 타향과
타국보다 더 낯선 고향이 있을 뿐이다
청춘 때는 화려한 날개를 달고
허공에 매달려 살았는데 이제는
뿌리를 박고 살 고향이 그립다
내게 제2의 고향을 선물해준 당신
그 삶의 에너지를 감사히 받아
빛의 노래를 세상과 함께 나누며
이번만은 고향을 떠나지 않고
사랑으로 가꾸며 살아가리라.

내리사랑

영상통화를 하면서 딸은
아이 유치원 보낸 이야기
헬스장에서의 에피소드 등
새처럼 끝도 없이 지저귄다
눈부시게 밝은 딸을 보며 난
내가 다시 태어났음을 알았다
빨강 색깔 뚝뚝 떨구며
절절하게 핀 장미도 때 되면
뿌리를 향해 삶을 놓는다
지금껏 처절함으로 지켜온
원색의 고운 빛을 환히 밝혀
생을 마감하는 날까지
그 애 인생에 빛이고 싶다.

빛의 삶

같은 땅에 뿌리를 내려도
피워내는 꽃 색깔이 다르듯
같은 책 속의 그 많은 활자들
누가 읽는가에 따라
옷을 다양하게 입는다
같은 음식을 여럿이 먹어도
느끼는 행복이 다르며
같은 사람을 함께 만나도
각자 받는 인상이 다르다
가슴 속에 빛의 자석을 걸고
머리 꼭대기에는
첨단 안테나를 세워서라도
세상의 고운 빛을 받아
더 큰 빛으로 살아가리라.

작은 거울과 빗

30대 나이에 가르쳤던 제자가
30대가 되어서 나를 찾아왔다
까마득 잊고 살았던 나의 옛 모습을
제자와 대화 속에서 다시 찾았다
지식이 넘치도록 채워져 있음을
쏟아져 나오는 그녀의 말에서 읽었고
개성 있는 여문 손짓에서
삶을 당차게 만들어 갈 가능성도 보았다
그의 온몸을 감고 있는 청춘과 야심의
몇 분지 1이라도 머리 숙여
세상 빛을 받아들이는 삶으로 바꾼다면
그녀의 앞길은 더욱 찬란할 것이다
너무 커버린 제자라 말을 다할 수 없어
내 마음속 기도를 담은
작은 거울과 빗을 선물했다.

사랑의 이름

당신을 만나던 날
내 마음을 잠깐만
맡아 달라 부탁했었지요
너무도 무겁고 변덕스러워
하루에도 몇 번씩
주저앉고 싶었던
나도 어쩌지 못하던
그 마음을 맡긴 후로 난
문학소녀로 다시 태어났습니다
모든 것이 바르고 깨끗하여
매일이 눈부시게 행복합니다
그 마음
찾아올 생각 없습니다
오늘 사랑의 이름으로
다시 부탁드립니다
내 마음을
영원히 맡아주십시오.

시적인 사랑

상처를 받을까 봐
상처를 줄까 봐
사랑의 문턱을 넘어서지 못하고
사랑을 하는 척만 하며
지금껏 살아온 것 같습니다

가을에 붙잡혀온 내 인생에
기어이 비집고 들어오는
빛의 손길이 있어
용기 내서 잡아보았습니다

근데 웬일인가요
완벽했던 내 유리관이
산산이 부서지고
상상도 못 했던 세계가
새롭게 펼쳐집니다

상처를 줄까 봐
상처를 받을까 봐
지금도 많이 겁은 나지만
꿈속의 꿈 그 깊은 꿈속에
나의 삶을 던져 놓고
오늘도 시적인 사랑
조심스레 키워봅니다.

마중물 사랑

당신은 마르지 않는 샘이니
마음대로 퍼 가라고
습관처럼 말합니다
마음과 시간 심지어
미래까지 통째로 주고도
더 줄 게 없을까
찾아 서성입니다
당신의 사랑이 마중물 되어
장식용 같았던 삶이
물을 퍼 올리고 있습니다
가족 이웃 친구들과 마시고도
정원의 초목들까지
함께 나누어 먹습니다
나도 마르지 않는 샘이 되어
당신 삶의 이유이고 싶어요.

불멸의 십 년

생의 전환을 꿈꾸면서 이제부터 십 년을 내 생의 황금시대로 만들 것이라 다짐했다. 복잡한 인간관계를 정리하고 가족에 대한 끝없던 집착도 버리고 적게 벌고 적게 쓰면서 오로지 내가 좋아하는 일, 하고 싶은 일에 몰두했다. 더 잘 살기 위함도 아닌 더 멋진 모습을 세상에 보여주기 위함도 아닌 오로지 마음속 가장 깊은 곳에 즐거움의 샘터 하나 만드는 일이었다. 어느덧 세월도 많이 흘렀지만 아직도 십 년은 그대로 남아 나는 불멸의 시간 속에서 살아가고 있다.

친구의 사진

딸과 함께한 친구의 사진을 받았다
활짝 핀 연분홍 장미 같은 딸에
너무나 일찍 나이 들어 보이는 친구
손에 든 폰에 집중해 있는 딸에
그윽이 딸만 바라보고 있는 친구
그런 친구를 보는 내 마음이 서글프다

사랑하는 딸아 보이지 않느냐
윤기 없이 날리는 엄마의 잔머리
너무 일찍 찾아온 두 볼의 잔주름을
엄마가 더 폭삭 시들기 전에
너의 예쁜 눈길 손길을
폰에서 거두고 엄마를 바라봐다오

누구도 대신 살아줄 수 없는 것이
자신만의 생이고
언제까지나 젊고 예쁘게 있는 엄마는
딸의 마음에 빛일 수 있다
꽃 같은 딸을 바라보는 것이
친구의 행복이기를 바란다면
자신이 먼저 꽃이 되어야 할 것이다.

사랑 방정식

여의봉으로 그어놓은 둥근 원 같은
사람들은 제각기 마음으로 그린
동그라미 안에서 살아간다
사랑을 한다는 것은 상대를
자신의 동그라미 안으로 유혹하는 몸짓
그리움에 사랑의 언어가 절절해지면
모든 촉감은 손끝에 모이고
팔의 길이는 무한히 늘어나
끝내 사랑을 불러 앉혀놓고는
내 안에서 꼬오옥 껴안는다
하나가 되어 안도의 붉은 숨을
내뿜는 두 사람을 가둔 채로
한 방향으로 기울던 동그라미 선이
잠시 흔들렸다간 제자리를 찾는다.

프로필 사진을 걸며

난 고독한 삶을 살아왔다
세상 쪽으로 향해야 할 안테나를
안쪽으로 꽂고 살아왔다
남들이 요리할 때 그 돈으로
길들여진 음식을 사먹었고
남들이 여행갈 때 그 시간으로
내 안에 꿈의 정원을 가꾸었다
그러던 어느 날 페북을 만났고
내 안의 내가 빛의 속도로 빠져나갔다
안쪽을 향했던 안테나를 뽑아들고
프로필 사진을 앞세워
페북 세계에 빠져들어 갔다
남의 집 초인종 한 번 누른 적 없는 내가
좋아요를 연신 클릭하며
좋은 인연을 만나면 축복을 나누고
좋은 글을 만나 영혼을 씻고
좋은 사진으로 눈을 키운다
사유의 한계를 끝없이 부수며
새로운 가능성을 찾아 노크하는
또 하나의 나를 위해 난
예쁜 프로필 사진을 걸었다.

시집 짓기

가까이할 여유가 아니
읽을 줄을 몰라
시집을 멀리한 채 살았는데
친구 따라 강남 간다고
시인 친구 만나는 바람에
시를 만날 수 있게 됐고
시인의 꿈도 이루었다
오랜 세월 쌓아온 습관들로
불통이 된 돌머리
시집을 읽을 때마다
빠개지는 소리 요란하다
돌이 모래알과 먼지로 부서지고
그 모래와 먼지를 섞어
다시 차지게 반죽하여
삶이 숨 쉬는 그런
시, 시집을 짓고 싶다.

전환기

태어나서 줄곧
부모님께 의지해 살았다
두렵고 자신이 없어
어른이 된 후에도
늘 누군가의 그늘 밑에
숨어 지낸 것 같다
이제 더 이상의 길이 없다
부모로부터
삶의 길을 넘겨받았으니
중년이란 꼬리표는
홀로 걷기의 출발점이 되었다
삶의 곁가지가 아닌
튼튼한 뿌리가 되어
내 삶의 진정한 주인으로
멋지게 살아가려면
늦었다는 생각은 잊고
마음부터 잡아야 한다.

나의 길

운명에 대한 순응이라지만
성장을 멈춘 나무를
올려다보고 있노라면
한없이 추하다
한결같던 윤택도 온데간데없고
잎마다 촘촘히 솟아난 반점
갑주 같던 잎 타들어가
자신을 지키는 것도 포기했다
성장을 멈출 필요 없이
봄이 기다리는 겨울 강을 건너
새로운 꿈을 꿀 수 있는
인간의 생애가 이렇게
고맙고 감사한지 미처 몰랐었다
나의 생각이 시들지 않고
뒤를 돌아보지 않는 한
아름다움을 지키며 살리라.

인내의 두 얼굴

먹고 싶은 음식을
돈이 없어 사먹지 못할 때도
인내가 필요했다면
돈에서 조금 자유로워진 지금도
건강을 위해 참아야 하기에
또 다른 인내가 필요하다

사랑이 나타나지 않았던
눈먼 기나긴 세월
고독과 외로움을
잘도 참고 넘겼건만
정작 사랑이 나타나니
독점욕과 질투심이
날개 달린 그리움마저
폭죽처럼 수시로 터진다

격정적인 감정을
안으로 쓸어안고
그 인내의 대가로서 얻는
성숙한 사랑의 향기의
주인이 되기 위해서는
또 다른 인내가 절실하다.

고맙다 구름아

도시를 떠나는 열차 안
속도에 뭉개지는
풍경을 읽고 있다가 문득
같은 속도로 따라오는
구름을 보았다
내가 멈추면 함께 멈추고
달리면 따라 달린다
나는 구름을 이끌고
달리고 있었다
내 삶의 변화와 도전을
무조건 믿고 응원하는
가족과 친구들이 있었어
나는 혼자가 아니었구나
이젠 그들을 품고 사랑하며
주저 없이 달려야겠다.

작품

서예 선생님께 내 이름을 한글로 써달라고 부탁했다. 일본인 선생이라 한글을 난생처음 쓰다 보니 한글도 한자도 아닌 김화숙이 만들어졌다. 페북에 올렸더니 명품글이라고 호평들이다. 모르는 것 앞에서는 겸손해지고 순수해져 과장과 수식은 사라지는 거였어. 포기를 모르고 끊임없이 미지의 세계로 도전하는 나의 삶도 언젠가는 한 작품이 되지 않을까 슬그머니 기대해 본다.

추어탕

한국을 방문할 때마다 매번
한 번은 추어탕집을 찾는다
다진 마늘과 부추를 듬뿍 넣고
밥을 말아 폭폭 퍼먹는다
추어탕은 8000원으로 살 수 있는
나에겐 분에 넘치는 행복
시를 쓰고 있자니
추어탕이 눈앞에서 어른거린다
먹고 싶다기보다는
추어탕 같은 시를 쓰고 싶다
그 감칠맛을 못 잊어
또다시 찾게 되는 그런 시를…
추어탕의 유혹을 참고
그 돈 8000원으로 기꺼이
사고 싶은 그런 시집을
내는 것이 지금 나의 꿈이다.

제2부

꽃에게서 배우다

꽃에게서 배우다

땅에서 색깔을 길어 올려
눈부시게 피었다가
때가 되면 밤사이
고귀한 생을 내려놓는 꽃
서둘러 피어나려 안달하지도 않고
일찍 진다고 절규하지도 않는다
꽃과 마주하고 있노라면
나의 고뇌가 하찮게 느껴진다
최선을 다해 살지도 못하면서
시간만 욕심내는 내 자신이 부끄럽다
마지막 순간만이라도
꽃처럼 말없이 질 줄 아는
무념무상의 꽃이고 싶다.

빛은 무게가 없다

햇살이 쏟아져 내리는 날이면
베란다에 나가 앉는다
빛은 길게 붙인 속눈썹 위로
내려와 앉다가 끝으로 밀려
영롱한 이슬이 되어 자리 잡는다
눈을 깜빡일 때마다 그들은
정령인 양 흔들렸으며
내 마음을 순식간에 빼앗았다
빛은 무게가 없었지만
그 현란함은 나의 모든 신경에
우주의 기운을 전달하고 있었다
나도 빛의 정령이 되어
누군가에게 기쁨과 힘을 주는
작지만 빛의 메시지이고 싶다.

아름다운 착각

꽃은 무심무욕하다고
나는 얼마나 먼
착각 속에 살았는가
바람 한 점 없는데
사진기만 갖다 대도
꽃은 얼굴을 고치느라
수선을 떤다
나의 시선에 당황하고
그럼에도
예쁘게 보이고 싶어서.

채송화

바위를 흙으로 착각했을까
그것도 한복판에 터를 잡고
빨강 꽃까지 피워 놓았구나
뿌리를 박고 생을 완성하는 데는
단 한 줌의 흙만 있어도 되는 거였어
나도 한 줌의 믿음만 있다면
그것이 떠도는 구름이라 할지라도
사랑의 씨앗 깊이깊이 묻어
행복의 웃음꽃 피워내고 싶다.

빗방울 전주곡

방금까지도 화창했었는데
후드득후드득 빗방울이 떨어진다
엄마는 뛰놀던 아이를 이끌고
큰 나무 밑으로 숨는다
돌을 갓 넘긴 듯한 사내애는
엄마와 나무의 보호망을 뚫고 나와
열심히 비를 잡고 있다
분명 눈에는 뭔가 보이는데
좀처럼 잡혀지지 않나 보다
바라보고 있자니 짠한 생각이 들었다
손가락을 가지런히 하고
두 손을 붙여서 반쯤 펴
빗방울 받는 법을 아직 모를 나이
뒤돌아보니 내 삶에도 빗물처럼
사랑이 촉촉이 내린 적이 있었지
다시 사랑비를 만나면
잡으려 하지 말고 받아야겠다.

자화자찬

말이 곧 기도라고 들었기에
나는 기도처럼 말을 한다
아픈 단어 슬픈 글 멀리하고
풀잎이 한들거리며 전하는
바람의 소리를 가까이 둔다
부모님을 떠올릴 때는
감사의 말로 무릎을 꿇고
사회에 첫 발을 내딛는 딸한테는
부정적인 생각들은 비우고
축하와 응원의 말로 등을 밀어준다
나는 마음미인이다
나는 예쁘고 지혜롭다
나 자신과의 대화는 늘
이렇게 자화자찬식이다
말이 곧 삶을 만든다고
주위 사람들에게 말해주기도 했다
내 삶을 향기로 채울 수 있음은
자화자찬의 마법 때문이었다.

회귀回歸

친구 오빠네는 부자여서
몇십 층 높은 아파트에서 산다
무서워서 어떻게 내려보고 살아요
올케언니한테 물어보았더니
올려다보며 살지 뭐한다고
내려다보며 사느냐고 했다
시골서 어린 시절을 보낸 나는
신발에 흙이 묻는 게 싫었고
흙으로부터 도망치기 위해
죽도록 공부했고 그 보상으로
지금은 대도시 아파트에 살지만
언제부턴가 흙이 그리워졌다
우직하게 흙을 꼬오옥 딛고 서
땅의 에너지를 온몸으로 받아
그 힘으로 위를 올려다보는 삶
그곳에 삶의 진실이 살 것 같다.

반성

상점에 진열된 야채를 볼 때마다
그 뒤에 숨겨진 수고가 보여
하나라도 더 장바구니에 담았다

옥수수를 키우는 친구가 있다
내 새끼들을 생각하니
단비가 눈물 나게 고맙단다
그는 키우고 있는 옥수수를
사랑하고 있었던 것이다
어떻게 팔아야 돈이 될까
안 팔리면 어떡하나
그런 걱정은 없어 보였다

그들을 측은하게 여겼던 내가
부끄럽고 작게만 느껴졌다
언제부턴가 야채를 먹으면서
나는 사랑을 먹고 있었다.

구름과 사람, 풀잎

내일을 생각할 수 있어
가슴이 터질 듯 벅차오를 때
자주 하늘을 올려다보게 된다
그곳에는 내 꿈이 구름이 되어
여유롭게 흐르고 있다

삶의 현실이 너무 가까워
생존의 무게가 피부로 느껴질 때
오늘을 열심히 그리고
지혜롭게 사는 사람들을 보면서
두 주먹에 땀을 거머쥐고
삶의 의지를 다진다

기운이 발바닥으로 빠져나가고
꿈도 삶도 다 내려놓고
주저앉아 있고 싶은 어느 날
풀이 더 가깝게 보였다
마구 흔들리는 풀잎의 몸짓이
나와 다르지 않다는 것을 알고는
들풀의 생명력을 배운다.

침묵하는 벚꽃나무

벚꽃이 만발했을 때
몰려든 사람들의 환호성
하늘을 찔렀다
만추에 의상이 벗겨져 나갈 때
올려다보는 사람들
너 나 없이 시인 되어
질긴 잎새 하나에 탄성을 지른다
자연은 그저 경이로울 뿐
묵묵히 서 있던 그는
마음을 지켜 뿌리를 다독이며
지친 눈을 꼭 감고
부처가 되어 동면에 든다.

나의 이마

아버지 하면 사람들은
등을 자주 떠올린다
침묵이 산처럼 서 있는 등 대신
아버지 하면 나는
항상 이마가 떠오른다
넓고 강인하게 느껴지고
위엄이 편안하게 자리 잡은
아버지의 희로애락이
숨겨져 있는 이마를…
자식 넷 중 나만 친탁했다고
아버지는 가끔 말씀하셨는데
친탁했다 앞에 꼭 이마가
시원하다는 말씀을
빠트린 적이 없으셨다
아버지 이마와 닮은 이마
나의 자랑이며 자존이다
세상을 향한 당당함과
삶에 대한 자신감의 출처는
아버지를 꼭 빼닮은
시원한 나의 이마이다.

달걀노른자

재래시장에서 사온
달걀을 깨 그릇에 담으면
무너지는 흰자위 한 가운데
노른자는 봉긋이 남아 있다
이런 노른자를 볼 때마다
떠오르는 태양이 연상됐다
왜 그런 생각을 하게 되었는지
세월은 말해주지 않았다

손자가 태어나던 날
새 생명을 받아 안은 순간
달걀노른자가 떠올랐다
새로 깨어난다는 것은
일출의 장엄함보다는
터질까 말까 불안 불안한
달걀노른자의 느낌이었다

내게 있어서 아침 태양은
따사로움과 밝음이기 전에
새로움이었구나

지금도 달걀노른자를 볼 때면
동해로 떠나고 싶어진다
고이 새 생명을 안으러

행복나무의 꿈

눈에 잘 띄지도 않고
잎 몇 개만 달려 있던 행복나무
우리 집 한구석을 차지하고 나서
적지 않은 세월이 흘렀다
키도 많이 컸고 잎도 무성해져
우리 집 공간으론 감당이 안 됐다
이젠 그만 자라도 좋으니
오래만 살아 달라고
마음속으로 부탁을 했건만
금년에도 한 뼘 이상 커버렸다
더 크게 성장하고 싶어 하는 것은
나무의 본성이며 생명의 힘이다
사람은 행복하기 위해 태어났다
자신이 가지고 있는 능력을
최대한 발휘함으로써 뜻을 이뤄
부유하게 살고 싶어 하는 바람은
나무의 성장통과 같은 이치다
큰 나무가 많은 새를 부르듯이
나 그리 살았으면 좋겠다.

벚꽃나무의 언어

마지막 잎사귀 하나
움켜쥔 손을 놓고 말았다
사람들은 가던 길 가기 바빠
더는 올려다보지 않을 것이며
시야에서 사라지기 전에
화려한 꽃을 피웠던 사실조차
기억하기를 게을리할지도 모른다
깊고 짙었던 푸름의 추억도
만개했던 날의 화려함도
바람소리만 요란한 지금은
뼈대와 힘줄만 선명하게 남은
그저 가난하고 지친 나무일 뿐
상실과 배신 고독과 인내
벚꽃나무의 언어들이다.

복수초

노랑을 좋아하면서도
그 이유를 몰랐었다

6년을 침묵으로 기다리다
눈을 밀치고 터진
외마디 노랑 외침
나는 봄의 전령사
가장 낮고 추운 곳에서
피어난 희망의 언어

'영원한 행복'

아무 이유도 없이
노랑을 고집해온 나
안개 속 삶의 길에서
가족과 이웃에게
노오란 복수초가 되리.

고추와 와사비

친구들과 횟집을 가면
두세 점씩 초장에
듬뿍 찍어 먹는 친구가 있고
한 점씩 와사비 간장에
살짝 묻혀
먹는 친구가 있다

매운맛의 끝을 보여주는
고추와 와사비
고추는 먹고 나면
불이 되어 몸에 남지만
와사비는 바람이 되어
코끝을 치고 빠져나간다

고추와 와사비의 고집이
친구의 성격으로 남았을까
초장을 좋아하는 친구는
화끈하고 절절하지만
와사비가 취향인 친구는
냉정하고 담담하다.

믿음의 뿌리

베란다에 내다놨던 행복나무가
작은 바람에 맥없이 넘어졌다
키에 비해 뿌리를 지탱해주는
흙의 밀도가 너무도 성겼던 것

도전의 발자국을 내딛고 보니
새롭게 만나는 타향 같은 환경들이
어머니의 손을 잡고 초등학교에
처음 갔던 것처럼 낯설기만 하다

중년에 들어서 시작한 사랑
여생을 건 사랑의 도전이지만
약간의 어긋남에도 뼛속까지 시리다
사랑을 키워가는 믿음의 뿌리가
홀로 서기에는 너무 여린 걸까.

하늘색 꿈

하늘색 카펫을 깔았더니
하늘은 침대가 되어 내게 왔고
하늘색 선풍기를 사왔더니
하늘에서 보내주는 바람에
피서가 따로 없다
수국을 자세히 보니
송이마다 하늘빛이 내려 앉아
나를 유혹하고 있었다
오늘 같은 날은
어제와 내일을 세워둔 채
살짝 빠져나와
임 찾는 나비가 되어
하늘하늘 날아보고 싶다.

접시꽃과 해바라기

어린 시절
우리 집 정원 담당은
아버지셨다
남의 집 정원에 흔한 접시꽃이
우리 집엔 없고
오로지 해바라기 일색이었다
친구들은 사춘기를 맞아
접시꽃을 바라보며
감성과 서정을 키웠고
해바라기만 보며 자란 나는
곧고 씩씩하지만
외골수 기질이 되었다
해바라기처럼
아버지만 바라보던 나는
아버지가 돌아가신 후
자연스럽게
태양이 되었다.

해바라기

내 생의 첫 그림은
해바라기였다
동그란 얼굴에 빵 돌려
노랑 잎 붙이고
웃는 눈과 입 그려 넣었다
화지 오른쪽 위 귀퉁이에
반짝이는 해님도 그렸다
이 그림이
내 삶을 결정했다
노랑 웃음 빛
몇십 년 내 삶을
만들어 준 전부고 힘이다
지는 꽃의 서글픔을 알기 전에
꽃이 지면 촘촘히 박히는
고소한 씨앗도 보았다
해바라기처럼
빛만 따르며 살아온 삶
깊어지는 늙음이
초라하지도 그렇다고
억울하지도 않다.

매화나무 앞에서

겨울을 떠밀며
이곳저곳
몽우리 터지는 소리에
메말랐던 내 눈물꼭지도
터져버렸는지
너의 고운 자태가
자꾸만 흔들렸다
너는
희망의 언어
행복의 기운이었어
내 가슴 깊은 곳에서
솟아나는 이 감동을
내 가족과 이웃
그리고 나의 벗들과
나누고 싶다.

제3부

선택

늙는다는 것

몸이 늙는다는 것은
믿었던 경계가 무너지는 것
얼굴이 흘러내려
목과의 경계가 흐려지고
엉덩이가 무너져
다리와의 경계도 사라진다

마음이 늙는다는 것은
한계의 벽이 높아진다는 것
세월의 무게에 눌려
열정도 더 이상 피지 못하고
능력의 한계를 받아들여
도전을 겁내게 된다

몸의 경계를 뚜렷이 지키고
마음속 한계의 벽을
끊임없이 무너뜨리는 사람은
늙음이라는 단어를
그의 사전에서 지워도 좋다.

포용

깎아진 절벽 같던 등짝이
나이가 들면서 휘어지기 시작했다
배에 힘이 떨어져 그런가 했는데
불어난 뱃살을 끌어안느라
구부정해져 가는 것이었다

좀체 직선이었던 성격이
나이가 들면서 곡선으로 변해간다
젊음의 패기가 떨어져
세상이 두려워서가 아니라
소외된 주변을 끌어안고
함께 가기 위한 지혜의 선물이다.

아버지의 영정사진

나는 빛을 좋아한다
햇빛, 달빛, 전등과 네온사인
심지어 촛불과 호롱불의 빛까지

아버지의 영정사진을 보고
사람의 웃음에도 빛이 있음을 알았다
그 빛이 너무 따사로워
외로움과 두려움이 눈물에 녹았다

가난과 아픔이
아버지의 생生인 줄 알았는데
마음에 큰 사랑을 품고 사셨구나
아버지의 영정사진을
찍으신 분이 엄마라고 한다.

중년의 밭

중년은 거두는 계절이다
크고 작은 차이가 있을지 몰라도
살아 온 세월 뿌려놓은 씨앗
중년이라면 거두어들일 것이 꼭 있다
중년은 또한 도전의 계절이다
젊은 시절의 방황을 거쳐
몸과 마음이 화해를 이루었기에
꿈 같은 꿈을 완성할 일만 남았다
중년의 밭은 아직도 푸르다.

추상화의 삶

나는 추상화를 모른다
상상력이 없다고
사람들이 비웃을까 봐
모른다는 소리도 못 했다
가끔 보게 되는
흔들려서 잘못 나온 사진
고속열차 차창 너머 따라오는
뭉개진 풍경들
내 눈에 보이는 추상화들이다
흔들리고 뭉개진 것에서
진실을 추측하고 상상하는
그 맛이 좋다
나를 담고 있는 세상이
분명한 색을 원하더라도
아직 창작되지 않은
수많은 감성 색상을 찾아내
신비로운 나만의
그림 한 장 그리고 싶다.

백 년 후의 나

백 년이 지나면
현재 사람들 모두
한 줌의 흙이 된다
지금의 나와 흙
다르면 무엇이 다르겠는가
백 년 후 새로 채워질 그들에게 난
사극 중의 한 사람일 것이다
욕심이 있다면
오직 감사의 마음 하나로
세상을 빛처럼
꽃의 미소처럼
살다 가고 싶을 뿐이다
백 년 후 사극 속의 나
오늘을 살고 있다.

나의 꿈

추어탕 맛을 알려고
대학 갈 필요 없고
추어탕 영양가를 흡수하려고
권력을 틀어쥘 필요 없다
나는 추어탕 같은 시를 쓸 것이다
남녀노소 불문하고
추어탕 먹고 하는 말처럼
추어탕 시인이 쓴 시를 읽고
맛있네! 아, 정말 좋다!
하늘 아래 가장 맛있는
유명한 추어탕집을 짓고
나를 찾는 이들에게
나의 시집을 팔 것이다
꿈을 꾸려면 잠을 자라 했던가
오늘도 나는 이렇게
눈을 뜨고 꿈을 꾼다.

사랑하는 길

당신만을 바라보며
당신의 마음을
끝없이 확인하듯
당신도 나만을 바라보며
나의 사랑을
수없이 다짐받고 있네요
마주 보기 우리 그만해요
당신이 가리키는 곳
나도 같이 바라볼게요
당신이 꾸는 꿈
나도 함께 꿀게요
우리 마음으로 손잡고
꿈속의 길 함께 걸어요
가을비 따라
단풍잎 곱게 물드는
그 길을…

무생채를 만들며

열심히 살았다는 보상으로
사람들은 여행을 간다
시골에선 도시로 도시에선 시골로
물가에 사는 사람은 산으로
산만 보고 사는 사람은 바다로
여행이란 결국 돈을 들여
잠시 일상을 깨려는 행위다
바뀐 일상의 틈새에 스며드는 바람으로
가슴 밑바닥에 깔려 있던
무형의 욕망을 달래주는 자애행위
타국에서의 삶이란 것이
삶의 울타리가 미덥고 어수선하여
하루 세끼 밥집을 기웃거리며 사는
그런 나의 일상에 있어서는
무생채를 만드는 행위가 곧
일상을 깨는 행위와 다름없다
무를 썰고 소금을 뿌려 길들인 후
양념 넣어 버무리면서
다른 사람들이 버린 일상을 주워
새로운 삶으로의 여행을 떠난다.

사랑은 마법사

살아오면서
내 안의 나가 너무 컸습니다
너무 큰 나는
불안과 초조의 덩어리였으며
불신과 시기의 연속이었습니다
나를 감당해내지 못하는
몸뚱아리는
차를 타도 씽씽 달리지 못했고
비행기를 타도 가볍게 날지 못했습니다

꿈과 희망이라는 옷을 입은
사랑은 마법사가 되어
나를 부수고 밀고 들어옵니다
사랑의 열기에 납덩이도 녹습니다
마음이 유연해지고 따뜻해져
내가 다시 살아나고 있습니다
무게로부터 자유로워진 나는
앉아서도 천 리 길을 갑니다
사랑은 마법사
나는 부활하고 있습니다.

새 친구

우연히 새 친구가 생겼다
한 살 위라 언니라고 부른다
여러 번 만나봤지만
언니는 줄곧
20년 전에 있었던 일들만 말한다
황홀했던 일상부터
그때 있었던 꿈같은 만남의
시간 지점 사람까지도
정확하게 기억하고 있는 그녀는
20년 전 추억에 갇혀 산다

생각해보면 나는
20년 후를 살고 있다
훌륭한 시인이 되어
권위 있는 문학상을 받는 나
품위 있고 고상하게
예쁘게 나이 먹은 나

우린 한 살 차이지만
40년 차이로 현재를 살고 있다.

걸음걸이

걸음걸이에 신경이 쓰이기 시작했을 때
발의 움직임에 마음을 모았었다
두 발이 한 직선이 되도록 걷되
양반발이나 색시발이 되지 않도록 조심했다
언제부터인가 주의력이 무릎으로 차왔다
무릎을 쫙 펴고 걷기 위해 정신을 가다듬던 중
다리의 시작이 허리부터임을 알게 되었다
허리를 반듯이 하고 유연하게 하는 데 마음을 쓰니
마침내 그 중심이 등으로 올라왔다
견갑골이 자기 위치를 지키되 벌어지지 않게 했다
자세가 격이 있다고 주위의 칭찬을 받게 되면서
문득 뒤돌아보니 걸어온 삶의
마디마디에 확연한 자국이 남겨져 있었다
오직 걸음걸이에 신경을 썼을 뿐인데…

탈지구인

갈까 말까 망설이지 말고
날래게 다니라고
엄마한테 수없이 야단맞았다
(빨리 걸으면 지구가 빨리 돌 텐데)
남들은 자면서 꿈을 꾸는데
언니는 눈 뜨고도 꿈을 꾼다고
동생한테 많이 듣는 말이다
허락도 없이 쏙 빠져나간
또 다른 내가 돌아오기를
멍하니 기다릴 수밖에 없는 나는
다른 별에서 온 사람처럼 어색하다
요샌 책을 펼치면 활자들이
눈으로 달려 들어와선
제멋대로 분리되어 일을 한다
머리로 올라가 대청소를 하고
가슴으로 달려가 마음을 안아주며
장으로 내려가 마사지를 해 준다
좋은 글을 읽고 자고 난 날은
아침에 배출도 예쁘다.

새해 인사

삶이
한 그루 나무라면
보이지 않게 열심히 사신
부모님과
덕을 뿌리며 살다 가신
조상님들은 비옥한 땅
나는 뿌리
내 자식과 형제들은 가지
가지에 핀 꽃은 사랑
꽃의 향기는
행복과 기쁨, 감동

흙이 된 아버지와 조상들이
흔들리지 않게 꽉 붙들어
키워주신 줄도 모르고
항상 옆에서 걱정해 주시는
어머님의 온정을 망각하고
내 나무를 내가 키우며
살아온 줄만 알았습니다

새해를 맞아
부모님과 조상님들께
큰절 올립니다.

진정한 행복

행복이란 욕구의 달성이다
오매 꿈꾸던 그 무엇을 손에 넣었을 때
행복감을 느끼게 된다
욕구가 없다면 행복도 없다
행복을 창조한다는 말은 곧
욕구를 창조한다는 말이기도 하다
숙명처럼 대물림해 온 욕구
모든 사람들이 얻고 싶어 하는
보편적 욕구를 손에 쥐고 느끼는 행복감
그런 인생도 향기 있고 소중하지만
자신만이 의미를 부여하고 느낄 수 있는
맞춤형 행복을 찾아낸다면
현존의 넘쳐나는 욕구에서 자유로워져
전율이 동반하는 나만의 삶
나만이 보고 느낄 수 있는 행복
진정한 행복을 맛보고 싶다.

선택

오십을 넘긴 나이에
난생처음 모자를 샀다
옷장이
새 식구가 들어오고 나서
시끄러워졌다
죽은 듯 축 처져
잠만 자던 옷가지들
모자한테 선택받고 싶어선지
생기가 넘쳐났다
지난밤 잠결에는
신발장 구석에 처박혀 있던
신발들이 또깍또깍
걸어 나오기도 했다
비록 작은 도전이긴 해도
삶의 희망을
초대할 수 있음을 알았다.

앞머리 자르기

무인도에 홀로 남겨진 것처럼
이유 없이 불안하거나
물이 목에 걸린 것처럼
몸이 부대끼고 답답할 때는
습관적으로 앞머리를 자른다
한 가닥 한 가닥
골똘히 자르고 있노라면
보슬비 꿈처럼 내리듯
조용한 평안이 내 주위를 맴돈다
이번엔 잘라도 너무 잘랐다
어제 이사 간 옆집 언니를
동포란 생각에 나도 모르게
많이 의지하고 살았던 것 같다.

냉장고

수년간 불 밝히며
사랑 받기를 기대하고
변함없이 서 있었지만
고독과 기다림이 전부였다
달랑 물 한두 통에
요구르트 한 병 안겨주고는
그 어떤 애착도
나누어 주지 않았다

얼마 전
된장과 김치가 들어오더니
야채와 과일도
가끔씩 놀러왔다
어제는 또
보드라운 행주로
구석구석 닦아주기까지 했다
주인님의 표정에서
전에 보지 못했던
행복과 애정이 느껴졌는데
진정한 행복은
사소한 일상에 있다는 것을
깨달은 것 같았다

주인님에 대한 원망
힘들었던 인내와 그리움은 잊고
이젠 묵묵히
장승 같은 사랑을 하련다.

딸에게

자연스레 예쁘게 늙어가는 것
엄마의 꿈이라고
입버릇처럼 말해왔지만
불가능했음을 고백한다
빠진 이를 해 넣었고
흰머리도 염색을 시작했다

시든다는 것, 피하고 싶은 것들
미리 생각하지 말거라
때가 되면 저절로 찾아오니
시간은 아낀다고
남아 있는 것이 아니고
젊음은 아낀다고
오래가는 것이 아니란다
젊음과 아름다움을
마음껏 소비하고 즐겨라
사랑하는 딸아 축복한다.

제4부

벽

벽

오로지 벽으로만 알고
살아 왔다
가다가 막아서면
에둘러 가던가
되돌아갈 수밖에 없는
넘다가 힘에 부치면
주저앉을 수밖에 없는 벽으로

담쟁이한테 있어
벽은 절망이 아닌 길이었다
벽 너머로 이어주는 길
오늘도 담쟁이한테
길 가는 방법을 묻는다.

모기와 고양이

아침에 일어나 보니
옆에 자고 있어야 할 냥이*가
침대 밑에서 억울한 표정으로
나를 올려다보고 있다
웬일이지
한밤중에 얘가 침대를
뛰어 올랐다 내렸다 하기에
잠결에 밀쳐낸 기억이 난다
비몽사몽 중에도 이곳저곳
모기한테 물린 자리가 보인다
주인한테 달려드는 모기를 쫓느라
얘가 그 난리를 쳤구나
냥이의 머리를 쓰다듬으며
머쓱한 사과를 하는 것으로
하루를 시작해야 했다.

* 냥이 : 집에서 기르는 고양이.

유민아빠를 도와주세요

고양이와 강아지가
한집에서 행복하게 살고 있었다
양이가 사뿐사뿐 계단을 오르면
강이도 그 뒤를 따라 오르지만
양이가 쪼르르 내려오면
강이는 내려올 줄을 몰라
양이만 쳐다보고 어쩔 줄 몰랐다

유민아빠는 딸이 너무 보고 싶어
딸 뒤를 쫓아 많이도 올라갔다
그러다 양이는 너무 높이 올라갔고
다시는 내려오지 못했다
양이가 없으면 내려오지 못하는
유민아빠가 다시 돌아올 수 있도록
회생의 계단을 만들어주세요.

참새와 비둘기

참새는 물고 있던 먹이를
비둘기한테 빼앗기지 않으려고
힘겹게 발버둥을 쳤으나
먹이는 비둘기 입으로 옮겨졌고
참새는 먹이를 올려다보며 굳어버렸다
비둘기가 저 먹이를 먹으려면 다시
땅에 내려놓지나 않을까
반전의 기회를 엿보고 있다

기회가 있기에 세상은 살 만하고
반전이 있기에 세상은 열정적이고
인내가 있기에 세상은 매력적이다
살아 있다는 것은
기회와 함께하는 것이라는 것을
잊지 않았으면 좋겠다.

괴리乖離

독모기가 하필
반지 낀 손가락을 물었다
가렵고 답답하여
반지를 빼려 용을 쓰다 보니
유리알처럼 반짝이던 손가락이
붉다 못해 검게 변했다
쉰 생일에 새로운 출발을 기원하며
거액을 주고 장만한 반지가
이토록 숨 막히게 할 줄 몰랐다
없어서 갖고 싶어 안달할 땐
그것은 꿈이었지만
지금 반지가 내가 보냈던 애착의
몇 배의 힘으로 조여 올 때
그는 이미 부셔버리고 싶은
족쇄가 되어 있었다.

가을 앞에서

멀미도 잊은 채 계속해
돌아가던 선풍기는
자기의 휴식처를 찾아갔고
나무들도 성장을 멈춘 채
뿌리를 향해 수행을 준비한다
유난히도 더웠던 올 여름
폭염보다 더 끓었던 세상사
모든 것을 가리고
가을 앞에선 침묵으로 일관한다
여름 공간을 채웠던
매미의 절규보다
비둘기한테 먹이를 빼앗긴
참새의 침묵이
올 여름을 더 덥게 했다.

삶의 양면성

가까운 친구가 아프다
한 친구는 몸이 아파
몸과 마음이 따로 놀고
다른 친구는 마음이 아파
꽃밭에 있음에도
꽃의 아름다움을 못 보고
잎 뒤에 붙어 있는 벌레만 찾는다
불안의 벽이 앞을 막으니
억울하다 원망스럽다
살아온 삶만 나무란다
그림자가 앞서 걸을 땐
등 뒤에 빛이 있기 때문임을
잊지 않았으면 좋겠다.

가을 단상

며칠째 어깨가 아픕니다
많은 것을 기대하며
너무 잘하려고
나도 모르게 두 주먹 불끈 쥐고
온몸에 힘이 들어갔나 봅니다
만추로 들어서면서
꿈을 떨어뜨리는 나무들을 보며
욕심과 집착, 걱정과 불안
내가 아니면 안 된다는 생각까지
누구의 눈치도 보지 않고
떨어지는 잎사귀처럼
마구 떨어졌으면 좋겠습니다
낙엽 위로 쏟아져 내리는
눈부신 햇살같이
가벼이 투명한 웃음으로
다시 생각하고 싶습니다.

주인을 부르는 소리

자정이 넘어서부터
삐걱 삐이억 삐걱
창밖에서 이상한 소리가 들렸다
옆집에서 요상한 물건이라도 내놓았나
윗집에 애들이 있던데
베란다에 그네라도 매어 놓았을까
궁리하다 쓰러져 잤지만
낡은 현관문이 열리고 닫힐 때 나는 소리는
꿈속에서도 계속되었다
집주인한테 전화를 해야지
아니야 옆집이 하겠지
더는 못 참고 베란다 문을 열어젖혔다
소리의 원인은 코앞에 있었다
깜빡하고 들여놓지 않았던 행거가
바람에 맞아서 내는 소리였다
얼른 낚아채 바닥에 내동댕이치자
빠져나온 내 혼도 그 옆에 같이 눕는다
난 내가 만든 공간 안에서도
주인이 아니었다.

미안해요

수행할 땐 마음을
코끝까지 꺼내 놓으라는데
너무 무거워
걸어놓을 수 없다면
처마 밑 돌의자에
앉혀놓았으면 좋았을 것을
그 마음 지켜주겠다며
좋아하는 산행도 못 가고
친구 만나 노래방도 못 가는
당신이 안쓰럽네요
다시 그 마음 찾아와
당신께 자유로움을
돌려드리면 좋겠지만
당신은 이미 그 마음의
주인이 되어버렸네요
당신의 생을, 당신의 삶을
통째로 차지해서
정말 많이 미안해요.

문장文章

잡념이란 도대체
얼마나 단단한 것이기에
요새는 읽는 글들이
그 벽을 넘지 못하고
자음 모음으로 부서져
눈앞에 산더미를 이룬다
형체 없는 글자를 밟고
읽고 읽으며 아득한 꿈을 꾼다
성한 곳 없이 처절하게
부서지는 한이 있더라도
내 삶의 부적과 같은
문장을 지어야 한다.

소우주

큰 병을
작게 견디는 사람이 있는가 하면
작은 아픔을
깊이 오래 가져가는 사람도 있다
생과 사를
우주 순환의 일부로 여기는 사람은
소금이 물에 절로 녹듯
아픔과 공포, 원망까지도
순리라는 마차에 실어
삶의 리듬을 잃지 않고
절망을 꿈으로 바꾼다
아픔의 날이
벼락같이 찾아오기 전에
나를 깨고 문을 열어
고난도 빛으로
승화시킬 수 있는
작은 우주가 되자.

나의 담벼락

나름 열심히 살았지만
풀 한 포기 심을 땅 없고
예쁜 화분 들여놓을
공간조차 변변치 않다
페이스북을 하게 되면서
공짜로 담벼락을 갖게 되어
내 정원 꾸리느라
세월 가는 줄도 모른다
맑은 하늘 옮겨올 땐
깨끗한 공기 함께 가져오고
나무와 꽃을 담아 올 땐
싱그러움과 향기로움도
조심조심 같이 데려온다
가족사진을 올리면서
내 일상에 옷을 입히고
글을 올릴 때마다
친구들에게 위로와 평안
치유와 희망을 꿈꾼다
친구들이 나비처럼 날아들고
사계절이 살아 숨 쉬는
안식처 같은 곳이면 좋겠다.

화해

죽음만을
말하고 생각하고 걱정하며
사는 친구가 있다
머리를 숙인 채
죽어가는 세포들을 세며
죽으면 먼저 가신 아버지를
따라잡지 못할까 봐
조상들이 자신을
알아보지 못할까 봐
걱정이 끝이 없다

삶의 가치를
노래하며 살고 싶은 나는
이 친구가 짜증스러웠다
죽음이란
절대자와 일대일 약속이라
생각하고 간섭할 권리가 없어
어떻게 잘 살 것인가만을
마음 쓰며 살아왔는데 문득
죽음을 생각하지 않았다면
삶도 이처럼 눈부시고

귀하지 않으리란 생각이 들어
오늘 마음속으로
친구와 화해하기로 했다.

세월호 참사

단 한 사람도
구조해내지 못한
기적 앞에서
원성은 하늘을 찌르고
슬픔이 땅을 울리는데
세월호는 세월을 싣고
하늘도 땅도 아닌 물속에서
앞으로도 뒤로도 가지 못한 채
죽음을 준비한다
지척에서 지켜만 봐야 하는
실종자 부모들은
터져 나오는 오열을
두 손으로 막으며
이승의 몸으로
저승에 산다.

지진 앞에서

시도 때도 없이
말보다 행동이 앞서는 지진
읽던 책을 거머쥐고
일어서려는 순간
우리 냥이의 눈과 마주쳤다
흔들림으로 꽉 찬 눈
난 제자리에 얼어붙었다
엉거주춤한 자세로 마주 보며
1분 40초를 우린 함께 견디었다
난 처음으로 밖으로 튀지 않았고
고양이는 처음으로
침대 밑으로 숨지 않았다
내게 달려와 안기지 못하고
침대 밑으로 다시 들어가는
미물微物의 냥이지만
우리는 하나의 생명체임을
확인할 수 있었다.

별은 하늘에서 반짝인다
— 세월호 참사에 부쳐

피어보지도 못한 아이들
부모의 애간장임을 바다도 안다
인간의 사랑이 크다 한들
바다의 사랑만큼 깊겠는가
어둠도 묵묵히 껴안는 바다이거늘
차마 이슬 같은 영혼들을
그냥 보내지는 않았을 것이다
육신의 억울함과 절규는 품고
영은 고스란히 올려 보냈을 터
더는 바다를 향해 울지도
원망의 눈길 마저 거두고
바다가 아닌 하늘을 올려봐라
별은 하늘에서 반짝이니.

빛의 꿈

별은 어둠이 있어 빛난다
빛으로 살자면
주위가 어두워야 하니
어둠 속으로
들어가야만 하는 걸까

어둠을 먹는 빛이 아닌
어둠을 씻어내는 빛
태양처럼 살면 되겠다.

당신

꿈을 향해 달리는 당신
지금 어디쯤 가 계시나요
당신의 꿈을 위해
내가 할 수 있는 것은 없을까
너무 골똘히 생각하다가
어지럼증이 찾아왔습니다
사랑의 감정은 통한다는데
당신도 가끔은 저를 생각하시나요
전화까지는 아니더라도
가슴에 그림자 깃들기 전에
문자라도 주시면 안 되나요
어쩌면 나의 마지막 꿈을 접고
당신의 꿈을 위해
살아갈 수 있을 텐데요.

고백

울면서도 책을 읽다 보면
슬픔이 언어에 닮일 줄 알았다
글씨를 거두어들이는 곳도 눈이고
슬픔을 쏟아내는 곳도 눈인 것을
몇 번을 읽어도 머리가 백지인 것 보면
문자가 머리로 전달되기 전에
눈물에 씻겨버린 것이 틀림없다

사랑은 손길을 통해서도
상대에게 전달될 수 있듯이
고독의 시간이 동짓달에 걸리고
외로움의 빛깔이 눈처럼 희어
더 이상 씻겨질 언어가 없다면
차디찬 손끝의 체온을 빌어
내 마음을 전할 수는 없을까.

날개

나는 날개가 없는 줄 알았다
게다가 운전도 할 줄 몰라
걷는 것이 운명이라 믿었다
걸음 자세와 속도를 의식했고
신발에 유난히 애착이 갔다
비싼 신발을 벗어 던지고
날아가는 흉내를 내봤더니
가볍게 날아오르는 것이었다
시의 행간 속을 날기도 하고
사람들 마음 사이를 날아다닌다
몇십 년 후의 미래까지도
마구 날아갔다 날아오곤 한다
내 마음이 이르는 곳이면
어디든 날아갈 수 있었고
내가 가진 것들이 가벼울수록
나의 비상 또한 자유로웠다
지난날 걷기에 충실했다면
앞으로의 나의 남은 삶은
날개에 온 마음을 줄 것이다.

정제된 언어 숲에서 내뿜는 피톤치드의 미학으로 생성시킨 서정의 집

— 김화숙 시집 『아름다운 착각』의 시세계

정 유 지(문학평론가, 시인)

1. 긍정의 미학으로 아름다움을 찾아내는 탁월한 시안(詩眼)

김화숙 시인은 중국 심양에서 출생하였으며, 길림사범대학 철학과를 졸업한 수재이다. 2014년 월간 『문학세계』 신인상 시 부문에 당선된 역량 있는 작가이다. 더욱이 문학세계문인회 정회원으로서 왕성하게 작품 활동을 전개하고 있는 시인 중의 한 명이다.

김화숙 시인의 시적 세계는 크게 두 가지 경향을 보이고 있다.

첫째, 천연탄산수의 시원한 기포처럼 쏟아지는 액체와 같이 활달하고 선명한 시적 언어로 출발하지만 결국 정제되고 절제되어진 거대한 상상력의 염전(鹽田)을 경작하고 있는 가운데, 굳고 단단한 천일염의 빛깔을 빚어내고 있었다. 고로청향(古爐淸香)이란 말같이 오랜 세월이 흐른 향로라 하더라도 그 안에서 피어오르는 향기는 늘 맑고 그윽하듯, 휴머니티(Humanity)

로 가득 찬 여성 특유의 섬세하고 부드러운 캐릭터(Character)를 툭툭 쏘아 올리며 읽을 때마다 새로운 깨달음을 던져주는 언어의 천연 미네랄을 생성시키고 있었다. 아울러 인간의 육체로 파고드는 절대 고독과 그리움을 바탕으로 탄생시킨 서정(抒情)의 집 한 채를 축조해내고 있었다. 현실 속에서 표출된 인간의 한계상황을 극복하며 육화(肉化)된 시적 세계가 기본 골격으로 자리 잡고 있었다.

둘째, 긍정의 미학으로 촉발시킨 시적 감성을 통해 대자연뿐만 아니라 일상적 삶 속에서조차 아름다움을 찾아내는 탁월한 시적 안목을 구비하고 있다. 마치 편백나무 숲속에서 내뿜는 자연치유의 피톤치드 미학처럼 전신을 움찔하게 만드는 신선한 언어의 숲을 형성하고 있었다. 더불어 단풍으로 물든 숲 전체를 큰 틀로 바라보기도 하고, 나무가 피워 올리는 꽃향기도 살필 줄 아는 대관소찰(大觀小察)의 철학적 시안(詩眼)을 견지하고 있다. 또한 김화숙 시인의 정신세계는 인생의 깊이로 뿌리내린 달관과 관조의 완결판 그 자체이다. 세상에서 가장 더울 때 불어오는 바람이 최고의 바람이듯, 우리 시대 가장 삭막한 세계에서 메마른 영혼들과 몸 부비며 함께 울어 줄 수 있는 감성치유 에너지를 함유하고 있었다. 강물 속에서 고요히 잠든 별빛을 깨우려면, 바람이 필요한데 김화숙 시인은 감동의 파문을 일으키고 있었다. 강물의 심장을 박동시킬 감동의 카타르시스(Catharsis)를 발현시키고 있다.

시인이 궁극적으로 추구하는 인간과 대자연의 절묘한 조화와 균형을 위해 문학적 여정을 스타일리쉬(Stylish) 모습의 삶으로 반추하고 추구하는 시인의 퍼포먼스(Performance)를 발견할 수 있었다.

김화숙 시인의 시집을 찬찬히 읽고 또 읽으면서, 태양을 훔친 화가 빈센트 반 고흐(Vincent Van Gogh, 1853~1890)를 떠올렸다. 천재 화가 빈센트 반 고흐의 귀환처럼 아름답고 강렬한 이미지들이 뇌리에 속속 들어왔다. '현대판 반 고흐의 해바라기'로 명명해도 될 만한 불후의 명작, 「해바라기」에서 이를 확인할 수 있다.

내 생의 첫 그림은
해바라기였다
동그란 얼굴에 뺑 돌려
노랑 잎 붙이고
웃는 눈과 입 그려 넣었다
화지 오른쪽 위 귀퉁이에
반짝이는 해님도 그렸다
이 그림이
내 삶을 결정했다
노랑 웃음 빛
몇십 년 내 삶을
만들어 준 전부고 힘이다
지는 꽃의 서글픔을 알기 전에
꽃이 지면 촘촘히 박히는
고소한 씨앗도 보았다
해바라기처럼
빛만 따르며 살아온 삶
깊어지는 늙음이
초라하지도 그렇다고
억울하지도 않다.

—「해바라기」 전문

시인에게 있어 해바라기는 고독의 풍차다. 바람 한 점만 있어도 그 고독의 풍차는 여지없이 돌아간다. '동그란 얼굴에 뺑돌려/ 노랑 잎 붙이고/ 웃는 눈과 입 그려 넣었다' 처럼 스스로 감성을 주입하면서 고독의 풍차를 돌리고 있다. 인생을 '화무십일홍(花無十日紅)'이라고 했던가. 꽃은 잠시 피었다가 사라진다. 꽃은 피어나기가 무섭게 시들어버리고, 그 아름다움을 자랑하기가 무섭게 빛이 바랜다. 아름다움도 잠시 잠깐뿐이요, 곧 늙고 병들어 흙으로 돌아갈 수밖에 없음에도 이를 과감히 극복하며 시인은 꽃이 지면 촘촘히 박히는 고소한 씨앗의 맛을 찾아낸다. 그러므로 김화숙의 해바라기는 인생의 한계를 초월하고 있는 자화상이라고 할 수 있다. 그 해바라기 자화상에 지상의 많은 벌과 나비들이 열광할 것이다. 시인은 어느덧 발길을 횟집으로 향한다. 그 와중에 「고추와 와사비」를 읊조리고 있었다.

매운맛의 끝을 보여주는
고추와 와사비
고추는 먹고 나면
불이 되어 몸에 남지만
와사비는 바람이 되어
코끝을 치고 빠져나간다

—「고추와 와사비」 일부

'고추는 먹고 나면/ 불이 되어 몸에 남지만/ 와사비는 바람이 되어/ 코끝을 치고 빠져나간다'와 같이 고추와 와사비(わさび, 山葵)를 이토록 잘 표현한 문장이 있을까. 한방에서 고추를 번초(蕃椒), 당신(唐辛)이라 하여 고추 달인 물로 동상 걸린 곳을 씻어 치료나 예방에 썼다. 볼리비아 안데스 지방이 원산지인 고추는 향기로운 후추나무, 산초나무로 불리우는 '초(椒)'로 썼고, 여기에 '맵다, 괴롭다, 쓰다, 멀미나는 고통'이란 뜻의 '고(苦)'가 붙어 고초(苦椒)로 적는다. 고초는 '향기로운 고통

이 익어가는 과정'을 의미한다. 고추와 와사비는 고통의 미학으로 생성시킨 향기 그 자체라 할 수 있다. 김화숙 시인은 향기로운 고통을 스스로 감내하면서 스스로 자화상을 밝히고 있다.

누구나 정신적 지주가 존재한다. 시인에게 있어 정신적 지주는 아버지이며, 그 「아버지의 영정사진」은 아직도 선명한 이미지로 남아 있다.

아버지의 영정사진을 보고
사람의 웃음에도 빛이 있음을 알았다
그 빛이 너무 따사로워
외로움과 두려움이 눈물에 녹았다

가난과 아픔이
아버지의 생生인 줄 알았는데
마음에 큰 사랑을 품고 사셨구나
아버지의 영정사진을
찍으신 분이 엄마라고 한다.

—「아버지의 영정사진」 일부

「아버지의 영정사진」은 눈물과 사랑의 결정체였다. 아버지의 웃음이 담겨진 영정사진 속에서 따뜻한 인간애를 바탕으로 화사하게 빛나고 있음을 발견하고 있는 가운데, 외로움과 두려움조차 모두 녹이는 초월적 회한(悔恨)의 눈물을 담아내고 있다. 가난과 아픔을 클로즈업시키면서 사랑이란 존재적 자기자각을 가능하게 만들어내는 애절한 사부곡(思父曲)을 부르고 있다. 쓸쓸하고 고독한 자아를 불러내며, 아버지에 대한 생생한 기억의 편린들을 따뜻하게 보듬으며, 혈육의 정을 덧칠하고 있다. 시인은 머나먼 이국의 땅 일본 동경에서 마음의 붓을 통해 「그려가는 삶」 또한 구상한다.

페북을 하다 보니
'버리라' '비우라' 라는 글
마치 유행어처럼 매일 만난다
지천명을 넘겼음에도
가진 것이 없어
버릴 것을 찾지 못한다
남의 나라에서
임시란 기분으로 살다 보니
몸도 마음도 둥지도
쓸쓸할 정도로 단출하다

—「그려가는 삶」 일부

머나먼 이국에서 느끼는 일상적 삶이란 매우 낯선 이미지로 다가온다. 시인은 페이스북(Facebook)을 통해 욕심을 비우고 독선과 집착을 버려야 비로소 자유를 얻을 수 있다는 자성(自省)의 글에 공감하지 못하는 이유를 피력하고 있다. 시인은 이국에서의 낯선 삶을 '임시의 삶' 이란 용어로 표현하면서, 몸도 마음도 둥지도 쓸쓸할 정도로 단출하기에 '이제라도 새로운 인생을 그려나가겠노라!' 강조하고 있다. 시인은 새롭게 변화된 삶 가운데 한국을 방문할 때마다 담백한 삶의 모습을 진솔하게 그려간다. 「추어탕」을 통해 이를 확인할 수 있다.

한국을 방문할 때마다 매번
한 번은 추어탕집을 찾는다
다진 마늘과 부추를 듬뿍 넣고
밥을 말아 폭폭 퍼먹는다
추어탕은 8000원으로 살 수 있는

나에겐 분에 넘치는 행복
시를 쓰고 있자니
추어탕이 눈앞에서 어른거린다
먹고 싶다기보다는
추어탕 같은 시를 쓰고 싶다
그 감칠맛을 못 잊어
또다시 찾게 되는 그런 시를…
추어탕의 유혹을 참고
그 돈 8000원으로 기꺼이
사고 싶은 그런 시집을
내는 것이 지금 나의 꿈이다.

—「추어탕」 전문

시인은 8천 원짜리 보신용인 '추어탕(鰍魚湯)'의 국물 맛에 푹 빠져 있다. 그런 영향 탓으로 추어탕의 감칠맛을 못 잊어 일본 동경으로부터 한국을 방문할 때마다 추어탕 집을 찾곤 한다. 추어탕은 미꾸라지를 넣고 얼큰하게 끓인 국이다. 시인은 추어탕처럼 감칠 맛 나는 진국의 시를 쓰고자 다짐하고 있다. 누구나 찾는 8천 원짜리 추어탕 같은 시집을 쓰고자 스스로에게 주문하고 있는 것이다. 시인은 날마다 새롭게 변신하듯 피어나는 「채송화」를 찾는다.

바위를 흙으로 착각했을까
그것도 한복판에 터를 잡고
빨강 꽃까지 피워 놓았구나
뿌리를 박고 생을 완성하는 데는
단 한 줌의 흙만 있어도 되는 거였어
나도 한 줌의 믿음만 있다면
그것이 떠도는 구름이라 할지라도

사랑의 씨앗 깊이깊이 묻어
행복의 웃음꽃 피워내고 싶다.

—「채송화」 전문

바위를 땅으로 착각하는 모습 그 자체로 고난을 받아들일 준비가 되어 있음을 엿볼 수 있다. 채송화는 여름철새인 뜸부기가 찾아오는 여름에 핀다는 이유로 '뜸북꽃', 땅에 들러붙어 꽃 피우므로 '땅꽃'이라 불리운다. 채송화는 아침에 피었다 한낮에 지고, 저녁에는 언제 꽃을 피웠었냐는 듯 시치미를 뗀다. 이 같은 생태 때문에 채송화는 '하루살이꽃'이라는 별명을 가지고 있다. 오늘 본 꽃을 내일 다시 보지 못한다는 것은 굉장히 아쉬운 일이지만, 다르게 보면 채송화는 매일매일 신상품이다. 채송화는 매년 여름부터 초가을까지 빨간색, 노란색, 흰색 등 다양한 색의 꽃을 피워낸다. 채송화처럼 행복의 꽃을 활짝 피워 올리고 있다.

2. 사랑의 씨를 뿌려 서정의 화원을 만들다

시인의 심안(心眼)은 희망의 메시지로 남겨진 이 땅의 햇빛이고, 달빛이며, 별빛이다. 햇빛은 역사를 만들어내고, 달빛은 신화를 만든다. 별빛은 스토리의 흔적을 남긴다. 그 흔적은 바람 속에서 영감(靈感)을 꽃피우며 예감을 동반한다. 그 예감은 사랑의 씨를 뿌려 아름다운 서정의 화원을 만들어낸다.

시인의 문학적 향기는 황야(荒野)로 비유되는 이 시대 젊은 지성들이 지닌 감성부재(感性不在)의 지평을 무너뜨린다. 황망한 가슴 속에 감동의 꽃을 발화시킨다. 아름다운 풍경을 보고도 아름다움을 느낄 수 없었던 상실의 시대마저 변화시킨다.

감성이 풍부해야 따뜻함을 받아들일 수 있다. 그 감성은 서정의 화원을 변화시키는 특급 에너지원이다.

꽃은 향기의 근원지이다. 향기는 은밀하고 비밀스런 끌림을 남겨준다. 벌과 나비, 심지어는 날아다니는 곤충들을 감미롭고 매력적인 향기로 사로잡아 머물게 한다. 매력적 향기는 그 어떤 아름다운 모습보다 더 큰 의미가 있다. 향기는 후각이란 감각에만 작동되는 것이 아니다. 심상의 후각을 자극하는 미적 에너지이기 때문이다. 더불어 상상력이란 초자연적인 에너지를 운용하며, 시적 대상과 끊임없이 교감한다.

시인은 사막 속을 홀로 걷는 순교의 길도 마다치 않는 존재다. 오히려 고난을 즐기는 존재다. 그 메마른 사막 속에서 시원한 냉수를 마실 수 있는 오아시스를 발견할 줄 안다. 그 오아시스의 안식처에서 시인 자신을 더 예쁘게 만드는 「아름다운 착각」이란 피그말리온의 샘물을 마시고 있다.

꽃은 무심무욕하다고
나는 얼마나 먼
착각 속에 살았는가
바람 한 점 없는데
사진기만 갖다 대도
꽃은 얼굴을 고치느라
수선을 떤다
나의 시선에 당황하고
그럼에도
예쁘게 보이고 싶어서.

—「아름다운 착각」 전문

피그말리온이란 그리스 신화에 나오는 조각가 피그말리온의 이름에서 유래한 심리학 용어로, 타인의 기대나 관심으로 인해 능률이 오르거나 결과가 좋아지는 현상을 말할 때 인용된다. 즉 '무언가를 간절히 바라면 결국 그 소망이 이뤄진다' 는 상징을 담고 있다. 감성의 물기가 모이면 결국 흥건한 서정의 샘물이 만들어지게 됨을 설정하고 있다. 화려함을 표현하려고 하는 것의 이면에는 소통의 본능이 숨어 있다. 화려함은 누구나 표출하고 싶은 자연스런 모습이다. 그 화려함 속에 소통의 시그널을 보내고 싶은 원초적 본능이 숨겨져 있는 것이다. 시인의 언어도 화려한 빛깔을 빚어내고자 하는 꽃과 같다. 수사적 언어를 통해 꽃의 독자들인 벌과 나비를 불러 모으려는 작가 의도와 직결되어 있다. 한편 시인의 뇌리에는 소담스런 「벚꽃나무의 언어」에 대한 추억을 떠올린다.

깊고 짙었던 푸름의 추억도
만개했던 날의 화려함도
바람소리만 요란한 지금은
뼈대와 힘줄만 선명하게 남은
그저 가난하고 지친 나무일 뿐
상실과 배신 고독과 인내
벚꽃나무의 언어들이다.

—「벚꽃나무의 언어」 일부

봄을 가장 화려하게 빛나게 하는 꽃은 단연 벚꽃이다. 벚꽃나무의 메마른 가지에서 상실과 배신을 극복하는 고독과 인내의 눈을 뜬 채, 세상을 열어젖히며 펼친 언어의 팝콘잔치는 점입가경(漸入佳境)의 경지를 자아낸다. 샛바람 불어오는 달빛 아래, 벚꽃이 4월을 점령하듯 세상을 환하게 비추는 서정적 분위기 또한 연출한다. 지상에서 가장 순결한 몸짓을 보고 있노라면 인간을 더 인간답게 만드는 초자연적 소통의 언어를 통해 환희의 황홀경을 맛볼 수 있다. 더구나 고즈넉한 달빛 벚꽃 길을 걷는 순간, 심장이 고동치듯 꽉 막혔던 가슴이 뛰는 별천지의 경험도 하게 된다. 벚꽃의 꽃말은 '순결, 절세미인, 마음의 아름다움, 뛰어난 미모' 등이 있다. 벚꽃의 언어처럼 누군가에게 마음의 아름다운 향기 전하는 매력적인 삶의 향기를 발현시키고 있는 것이다. 어디 꽃뿐인가? 지상에서 가장 따뜻하고 아름다운 난을 꽃피우려는 시인의 눈빛은 「매화나무 앞에서」로 옮겨진다.

너는
희망의 언어
행복의 기운이었어
내 가슴 깊은 곳에서
솟아나는 이 감동을
내 가족과 이웃
그리고 나의 벗들과
나누고 싶다.

—「매화나무 앞에서」 일부

매화나무(梅)는 삼동의 추위를 이기고 꽃을 피워 봄을 먼저 전해주는 꽃으로 소나무(松), 대나무(竹)와 함께 세한삼우(歲寒三友)라 불리며, 난초 · 국화 · 대나무 · 매화는 선비의 벗인 사군자라고 한다. 세한삼우와 사군자 모두에 포함되는 매화는 선비의 품격을 나타내는 꽃으로 많이 알려졌다. 시인이 휘두른 심상의 붓끝마다 영혼이 담겨진 매화의 맑고 밝은 꽃과 깊은 향기가 봇물처럼 밀려온다. 깊은 산에서 홀로 향을 피우는 선비의 기품과 고결함 역시 떠올리게 된다. 지조와 절개를 굽히지 않는 군자를 상징하는 매화를 치듯 형상화시키는 신성한 작업이야말로 선경(仙境)의 세계에 다다르는 길이다. 김화숙 시인이 그려내고 있는 매화나무의 캐릭터인 전통적 내유외강(內柔外剛)의 모습을 선회하여 부드러운 듯하면서 원만하며, 행복을 담보한 사랑의 안테나를 세운다. 시인은 사랑의 주파수 안으로 「복수초」를 끌어들인다.

노랑을 좋아하면서도
그 이유를 몰랐었다

6년을 침묵으로 기다리다
눈을 밀치고 터진
외마디 노랑 외침
나는 봄의 전령사
가장 낮고 추운 곳에서
피어난 희망의 언어

—「복수초」 일부

샛별을 품은 항아리 속에 복수초를 6년간 묻어두며 발효시키면 노란 꽃물결을 한 폭 동양화 속에 담아내듯 시적 화자인 '나'의 가슴까지 희망의 언어로 물들이고 있음을 시인은 노래하고 있다. 이른 봄 꽃망울을 터트려 '봄의 전령사' 로 불리는 복수초의 메신저를 자처하고 있다. 복수초(福壽草, Adonis)를 풀이하면 복 복(福) 자에 목숨 수(壽), 풀 초(草)의 한자로써 '오래, 오래 행복하게 살라' 는 의미의 꽃 이름이다. 복수초는 원일초, 설련화, 얼음새꽃으로도 불린다. 복수초의 꽃말은 동서양이 다르다. 동양에서는 '영원한 행복' 이고 서양에서는 '슬픈 추억' 이다. 시인에게 있어 슬픈 추억이 있다. 피어보지도 못한 어린 생명들의 목숨을 앗아간 '세월호 참사'에 대한 기억이다.

피어보지도 못한 아이들
부모의 애간장임을 바다도 안다
인간의 사랑이 크다 한들
바다의 사랑만큼 깊겠는가
어둠도 묵묵히 껴안는 바다이거늘
차마 이슬 같은 영혼들을
그냥 보내지는 않았을 것이다
육신의 억울함과 절규는 품고
영은 고스란히 올려 보냈을 터
더는 바다를 향해 울지도
원망의 눈길 마저 거두고
바다가 아닌 하늘을 올려봐라
별은 하늘에서 반짝이니.

—「별은 하늘에서 반짝인다」 전문

세월호(世越號) 침몰 사고로 수학여행 가던 안산 단원고 학생을 비롯해 탑승객 476명 가운데 295명이 사망했다. 김화숙 시인은 '바다'라는 거대한 형체로 돌아가 버린 295명을 추모하고 애도하면서 그들의 희생을 기억하고 있는 것이다. 더 이상 바다 위를 떠돌지 말고 편안하게 영면(永眠)하길 기원하면서 밤하늘을 반짝이며 밝히는 별이 되길 기도하고 있다. 한편 시인은 「마중물 사랑」을 통해 자기 자신에 대한 삶의 방식을 정리한다.

당신은 마르지 않는 샘이니
마음대로 퍼 가라고

습관처럼 말합니다
마음과 시간 심지어
미래까지 통째로 주고도
더 줄 게 없을까
찾아 서성입니다
당신의 사랑이 마중물 되어
장식용 같았던 삶이
물을 퍼 올리고 있습니다

—「마중물 사랑」 일부

수동펌프로 물을 퍼 올리려면 한 바가지의 마중물이 필요하다. 마중물은 땅 속에 있던 물을 펌프로 끌어올리는 데 큰 도움이 되어 몇 번 펌프질을 하면 물이 콸콸 쏟아진다. 작은 물 한 바가지가 얼마나 큰 힘이 되어 마구 샘솟는 물이 되는지 모른다. 내가 먼저 붓는 한 바가지, 신뢰의 마중물이 큰 변화를 만들 수 있다. 마중물 붓듯 타인을 칭찬할 때 비로소 잠재된 열정 에너지를 폭발시킬 수 있다. 한 바가지의 마중물, 그 물은 수많은 영혼을 구할 수 있는 귀한 생명수이며, 따뜻한 손길을 갈망하는 목마른 자의 간절한 희망이다. 소통의 모티프(Motif) 마중물 붓듯, 사랑의 한 바가지 물세례로 새로운 삶의 활력소를 연출하고 있다. 그리고 시인의 마음속에 언제나 자리 잡은 공간이 있다. 그곳에 「엄마의 사랑법」이 있기 때문이다.

나는 엄마의 믿음을 먹고 자랐다
지금 내가 어떠한 상황에서도
냉정하고 당당할 수 있는 것은
나를 자랑스러워하시는 일흔이 넘으신
엄마가 계시기 때문이다

지금도 자주 문자를 보내오신다
내 딸 장하다 내 딸 사랑한다고.

—「엄마의 사랑법」 일부

시인은 일흔이 넘으신 엄마를 바라볼 때마다 그대로 단풍 들 듯 가슴 뭉클한 나무가 된다. 우리는 이 세상에 빚을 지고 있다. 다만, 모르고 있을 뿐이다. 빚 중에서 가장 무거운 빚은 혈육의 빚이다. 태어나면서부터 부모, 형제에게 빚을 지며 살아가게 된다. 또한 부모는 자신들과 똑같이 생긴 자식에 대한 마음의 빚을 지게 된다. 자식이 제대로 성장하도록 끝까지 책임져야 한다는 무언(無言)의 빚이다. 혈육의 빚은 서로에게 주어진 일종의 연결고리인 셈이다. 시인에게 있어 '엄마의 사랑법'은 우리 시대 꼭 필요한 소금을 정제해내는 모성애의 염전으로 볼 수 있다. 바다를 근간으로 탄생된 소금은 무한 사랑의 결정체이다. 작렬하는 태양과 뜨거운 모래밭 위에서, 세찬 바람을 견뎌내며 빚어낸 오랜 기다림의 철학이다. 액체에서 고체로의 대전환을 실현한 상전벽해(桑田碧海)의 대명사이다. 「엄마의 사랑법」 속에 상전벽해를 가능하게 만드는 힘이 내재되어 있는 것이다.

김화숙 시인은 '대자연과 사랑'이라는 거대한 테마를 온몸으로 감지해내면서 정제된 언어 숲을 통해 내뿜는 피톤치드의 미학으로 서정의 집을 생성시키고 있는 천부적인 작가다. 향기로 가득한 서정의 집 안에 조성된 아름다운 정원으로 독자들을 초대하는 첫 시집, 『아름다운 착각』 발간을 진심으로 축하한다.

문학세계대표작가선 749

아름다운 착각

김화숙 시집

인쇄 1판 1쇄 2015년 8월 27일
발행 1판 1쇄 2015년 9월 3일

지 은 이 : 김화숙
펴 낸 이 : 김천우
펴 낸 곳 : 도서출판 천우
등 록 : 1992. 2. 15. 제1-1307호
주 소 : 서울시 성동구 무학봉28길 6 금용빌딩 2F
전 화 : 02)2298-7661
팩 스 : 02)2298-7665
http://www.moonhaknet.com
E-mail : chunwo@hanmail.net

값 8,000원

ISBN 978-89-7954-604-0

이 도서의 국립중앙도서관 출판예정도서목록(CIP)은 서지정보유통지원시스템 홈페이지(http://seoji.nl.go.kr)와 국가자료공동목록시스템(http://www.nl.go.kr/kolisnet)에서 이용하실 수 있습니다. (CIP제어번호: CIP2015023453)